MW01641654

Pour Jay,
G.M.
Pour Sarah, Nancy et Jack
S.L.

Septembre 2005

16-18, rue de l'Ouvrage
B-5000 Namur

Traduction de Laurence Bourguignon

Titre original :
MY GRANDMOTHER'S CLOCK
HarperCollins (Londres)

ISBN 2-87142-516-7
D/2005/3712/60

Imprimé en Belgique

L'horloge de Grand-mère

Geraldine McCaughrean

Stephen Lambert

Mijade

Chez Grand-mère,
dans l'entrée,
il y a une grande horloge
mais elle ne marche pas.
Les aiguilles ne bougent jamais
sur son grand cadran.
Une fois, j'ai ouvert la porte de l'horloge
pour voir ce qui n'allait pas,
mais il n'y avait rien à l'intérieur
à part un parapluie,
une canne
et le portrait d'un roi avec un monocle.

« Il faudrait réparer l'horloge », ai-je dit.
« Pourquoi ? » a dit Grand-père.
« Elle donne l'heure exacte deux fois par jour. »
« Pourquoi ? » a dit Grand-mère.
« J'ai déjà tellement d'horloges
pour me donner l'heure. »

Il n'y a qu'une seule horloge
chez Grand-mère, je le savais bien.
« Où sont-elles ? » ai-je demandé.

« Quand j'écoute mon cœur qui bat,
j'entends passer les secondes.
Si les choses qui nous arrivent nous passionnent
et nous excitent, elles passent beaucoup plus vite,
tu as remarqué ? »

« Les instants sont bien plus courts que les secondes.
Le temps d'un battement de cils, et les voilà partis. »

« Une minute, c'est le temps qu'il faut
pour penser à quelque chose
et le transformer en mots.
En deux minutes,
je lis une page de mon livre.

Une heure, c'est le temps que met l'eau du bain
pour refroidir, le temps qu'il faut
à ton grand-père pour lire son journal… »

« ...le temps que nous prenons toutes les deux quand nous allons promener le chien. »

« Le matin, je peux deviner l'heure
à l'ombre qui raccourcit
au pied du magnolia.
Quand elle s'allonge à nouveau,
je sais que la journée est près d'être finie. »

1715

« Chaque matin, les oiseaux me réveillent
de leur chant matinal.

Chaque soir, je regarde par la fenêtre
et je vois les lumières dans les autres maisons,
qui clignotent et font signe aux bateaux attardés :
rentrez-vite, c'est l'heure de dîner,
rentrez-vite, c'est l'heure de se coucher.

Quand ta maman vient t'embrasser dans ton lit,
toi aussi tu sais que la journée est finie. »

« Mais comment sais-tu quel jour on est ? » ai-je demandé à Grand-mè
« Ça aussi, c'est facile », a-t-elle répondu.

« Le lundi,
l'odeur du pain frais s'échappe
par les fenêtres ouvertes. »

« Le mardi,
les chalutiers rentrent au port. »

« Le mercredi,
les enfants ont congé l'après-midi. »

« Le jeudi,
les éboueurs vident les poubelles. »

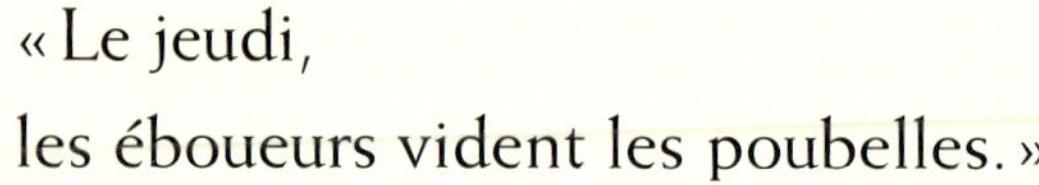

« Le vendredi, dans le train,
les visages sont tout gris. »

« Je sais toujours
quand la semaine se termine,
car tout ralentit.
Le samedi,
on a le temps de jouer. »

« Et le dimanche, les familles
comme la nôtre se retrouvent.
C'est pour cela que le dimanche
est mon jour préféré. »

« En une semaine,
il s'est déposé assez de poussière
sur la grande horloge pour
qu'elle ait besoin d'un coup de chiffon. »

«En l'espace d'un mois, la lune croît et décroît.
Elle grandit petit à petit dans le ciel assombri,
tissant nuit après nuit son doux cocon doré.
Les marées elles aussi rythment le temps.
Elles sont influencées par la lune.»

« Les saisons, c'est facile, bien sûr.
Le printemps voit les floraisons,

l'été, les vagues de chaleur,

l'automne, les arbres qui s'enflamment

et l'hiver,
ces jours nimbés de givre
où ton haleine fume
comme celle d'un dragon. »

« Quant aux années »,
dit Grand-mère d'une voix triste,
« je peux facilement en connaître le nombre
en comptant mes cheveux gris
et les rides sur mon visage.
Et aussi en voyant ta tête se rapprocher de la mienne. »

« Une vie,
on peut la mesurer de bien des façons :
en anniversaires, en amis,
en choses que l'on possède
ou dont on se souvient.
Mais quand on a la chance,
comme nous,
d'avoir un petit-fils ou une petite-fille,
on sait que le temps a bouclé sa boucle. »

« Pour mesurer les siècles, eh bien,
nous avons les éclipses de lune, de soleil,
et la course des comètes. Dans l'univers,
tout tourne comme les aiguilles d'une horloge.
Ensuite, nous avons les étoiles... »

A ces mots, Grand-mère a fermé les yeux
un long moment.
Ce n'était pas un simple battement de cils.

« Ce que disent les étoiles », a repris Grand-mère,
« c'est que le Temps est tellement grand
qu'aucune montre, aucune horloge
ne peut le contenir tout entier,
pas même la grande horloge de l'entrée... »

« Pourtant, tu en as tout de même besoin,
de la grande horloge », ai-je dit à Grand-mère.
Grand-mère a soupiré. « Pourquoi ça ? » a-t-elle dit.

« Eh bien…

…si tu ne l'avais pas,
où mettrais-tu ton parapluie, alors ?
Et la canne de Grand-père,
et le portrait du roi avec son monocle ?»